DATOS PERSONALES

NOMBRES: _____

APELLIDOS: _____

CIUDAD: _____

DIRECCIÓN: _____

TELÉFONO: _____

CELULAR: _____

CORREO: _____

GRUPO SANGUÍNEO: _____

ALERGIAS: _____

_____

OTROS: _____

_____

_____

_____

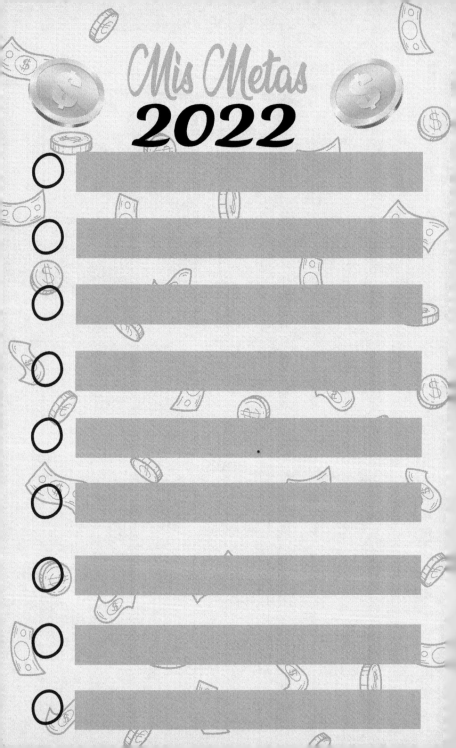

Mis Metas
2022

2022  ENERO

D	L	M	M	J	V	S
26	27	28	29	30	31	1
2	3	4	5	6	7	8
9	10	11	12	13	14	15
16	17	18	19	20	21	22
23	24	25	26	27	28	29
30	31	1	2	3	4	5

Notas

PLANEADOR SEMANAL

	LUNES	MARTES	MIÉRCOLES	JUEVES	VIERNES	SÁBADO	DOMINGO
07:00AM							
08:00AM							
09:00AM							
10:00AM							
11:00AM							
12:00AM							
01:00PM							
02:00PM							
03:00PM							
04:00PM							
05:00PM							
06:00PM							

SÁBADO 01

_____
_____
_____
_____
_____
_____

DOMINGO 02

_____
_____
_____
_____
_____
_____

LUNES 03

_____
_____
_____
_____
_____

EL QUE LEE ES MENOS IGNORANTE, MENOS MANIPULABLE, MENOS CONFORMISTA

Flavios Papasakelleriou

Actualmente estoy redactando para varias columnas de revistas, diarios impresos y pienso que todo buen escritor tiene que ser un buen lector. El que lee es menos ignorante, menos manipulable, menos conformista. Siempre me ha gustado leer. Cuando entro a una librería palpo, observo la portada, huelo y abro el libro y si me gusta, me lo llevo.

MARTES 04

MIÉRCOLES 05

JUEVES 06

VIERNES 07

SÁBADO 08

_____

_____

_____

_____

_____

_____

DOMINGO 09

_____

_____

_____

_____

_____

_____

LUNES 10

_____

_____

_____

_____

_____

"

— SECRETO 02 —

SALARIOS & FINANZAS
EN LA EMPRESA
FAMILIAR

"

Flavios Papasakelleriou

El tema del salario es muy importante ya que hablamos de las finanzas, y es un causante primordial en los conflictos en la empresa familiar. Cada miembro tiene una opinión sobre lo que debería ganar él mismo y los otros. Desde luego, la asignación de salarios no debe hacerse bajo la influencia de consideraciones emocionales, ni puede ser autoimpuesta.

MARTES 11

MIERCOLES 12

JUEVES 13

VIERNES 14

SÁBADO 15

_____
_____
_____
_____
_____
_____

DOMINGO 16

_____
_____
_____
_____
_____
_____

LUNES 17

_____
_____
_____
_____
_____

FRACASO, ¿AMIGO O ENEMIGO?

Flavios Papasakelleriou

Si solo evitamos errores, mentimos o culpamos a alguien más, entonces desaprovecharemos la principal manera de aprender que tenemos los humanos: cometer errores y aprender de ellos. Lamentablemente, hay demasiadas personas que piensan que cuando fracasan, se convierten en un adjetivo, y se llaman a sí mismas fracasadas. Debemos "aprender a aprender de los errores", tal como cuando éramos niños. Aprendimos a andar en bicicleta al caernos de ella; solo así pudimos descubrir mundos enteramente nuevos. Por el contrario, si solo evitamos errores, mentimos o culpamos a alguien más, entonces desaprovecharemos la principal manera de aprender que tenemos los humanos: cometer errores y aprender de ellos.

MARTES 18

MIÉRCOLES 19

JUEVES 20

VIERNES 21

SÁBADO 22

_____
_____
_____
_____
_____
_____

DOMINGO 23

_____
_____
_____
_____
_____
_____

LUNES 24

_____
_____
_____
_____
_____

EMPRESAS
FAMILIARES
FAMILIAS ^O
EMPRESARIAS

Flavios Papasakelleriou

Las empresas familiares solo duran tres generaciones: en el mejor de los casos, si tienen mucho éxito, la primera generación construye el éxito, la segunda vive el éxito, y a la tercera no le queda prácticamente nada. Uno de los principales desafíos al que se enfrentan estas compañías en cualquier país, independientemente del sector, de su tamaño y de sus peculiaridades, es el de legar el negocio a la siguiente generación.

MARTES 25

MIÉRCOLES 26

JUEVES 27

VIERNES 28

SÁBADO 29

_____

_____

_____

_____

_____

_____

DOMINGO 30

_____

_____

_____

_____

_____

_____

LUNES 31

_____

_____

_____

_____

_____

2022

FEBRERO

FERIADOS

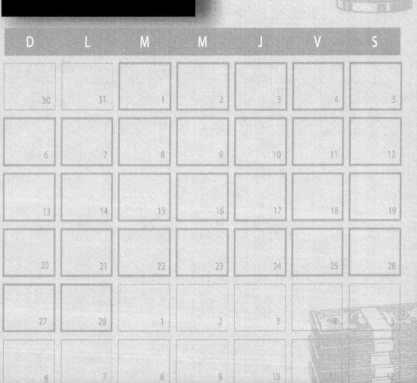

D	L	M	M	J	V	S
30	31	1	2	3	4	5
6	7	8	9	10	11	12
13	14	15	16	17	18	19
20	21	22	23	24	25	26
27	28	1	2	3	4	5
6	7	8	9	10	11	12

Notas

PLANEADOR SEMANAL

IMPORTANTE

→
→
→
→
→
→
→

	LUNES	MARTES	MIÉRCOLES	JUEVES	VIERNES	SÁBADO	DOMINGO
07:00AM							
08:00AM							
09:00AM							
10:00AM							
11:00AM							
12:00AM							
01:00PM							
02:00PM							
03:00PM							
04:00PM							
05:00PM							
06:00PM							

"UNETE A UNA MARCA."

Flavios Papasakelleriou

Si temes iniciar o emprender en solitario, hay una buena noticia: puedes sumarte a una red de negocios de ciertas empresas. Además de que te permite autoemplearte y obtienes independencia, te proporcionan capacitación, soporte y asesoría, así como entrenamiento y beneficios adicionales. Solo tendrás que dedicarle alrededor de cuatro horas a la semana; es más fácil robar horas al día para entregar un catálogo o hacer una demostración en casa de algún vecino que atender un negocio detrás de un mostrador.

MARTES 01

MIÉRCOLES 02

JUEVES 03

VIERNES 04

SÁBADO 05

_____
_____
_____
_____
_____
_____

DOMINGO 06

_____
_____
_____
_____
_____
_____

LUNES 07

_____
_____
_____
_____
_____

"¿VALEN LA PENA LAS REUNIONES EN LA EMPRESA FAMILIAR?"

Flavios Papasakelleriou

Una buena forma de iniciar a la familia en los oficios regulares es la reunión familiar. Una reunión familiar puede ser formal o informal, llevada a cabo alrededor de la mesa después de comer, o durante otro tiempo acordado. Es indispensable que todos los miembros de la familia estén presentes, excepto, claro está, los niños pequeños.

MARTES 08

MIÉRCOLES 09

JUEVES 10

VIERNES 11

SÁBADO 12

_____
_____
_____
_____
_____
_____

DOMINGO 13

_____
_____
_____
_____
_____
_____

LUNES 14

_____
_____
_____
_____
_____

LAS MADRES EN LA EMPRESA FAMILIAR

Flavios Papasakelleriou

En la medida en que la sociedad ha cambiado, han surgido mujeres emprendedoras que solas y con una certera visión de negocios –y muy duro trabajo– logran sacar adelante a sus compañías y las constituyen en un patrimonio para sus hijos. Pero siguen enfrentando numerosos retos, que podrán superarse únicamente en una sociedad más igualitaria. Sea este un medio para llamar al reconocimiento de todas ellas, y concienciarnos de que, como sociedad, debemos crear leyes e incentivos para que puedan desarrollarse.

MARTES 15

MIÉRCOLES 16

JUEVES 17

VIERNES 18

SÁBADO 19

_____
_____
_____
_____
_____
_____

DOMINGO 20

_____
_____
_____
_____
_____
_____

LUNES 21

_____
_____
_____
_____
_____

PATRIMONIO:
LO HEREDADO
DURA MENOS
QUE LO GANADO "

Flavios Papasakelleriou

Apoyar a la siguiente generación en la toma de decisiones para que esté en capacidad de llevar a cabo las mejores; no siempre se trata de resaltar las consecuencias negativas de lo que desaconsejan los fundadores. Muchas veces es mejor destacar y potenciar las consecuencias benéficas de los posibles caminos.

MARTES 22

MIÉRCOLES 23

JUEVES 24

VIERNES 25

SÁBADO 26

_____

_____

_____

_____

_____

_____

DOMINGO 27

_____

_____

_____

_____

_____

_____

LUNES 28

_____

_____

_____

_____

_____

2022

MARZO

FERIADOS

MARTES 1:
CARNAVAL

MARTES 8:
DÍA DE LA MUJER

D	L	M	M	J	V	S
27	28	1	2	3	4	5
6	7	8	9	10	11	12
13	14	15	16	17	18	19
20	21	22	23	24	25	26
27	28	29	30	31	1	2
4	5	6	7	8		

Notas

PLANEADOR SEMANAL

IMPORTANTE

↑ ↑ ↑ ↑ ↑ ↑ ↑

	LUNES	MARTES	MIÉRCOLES	JUEVES	VIERNES	SÁBADO	DOMINGO
07:00AM							
08:00AM							
09:00AM							
10:00AM							
11:00AM							
12:00AM							
01:00PM							
02:00PM							
03:00PM							
04:00PM							
05:00PM							
06:00PM							

¿ DESEAS

INICIAR TU PROPIO

NEGOCIO EN 2022?

Flavios Papasakelleriou

Hay muchos factores que pueden motivarte a crear tu propia empresa; sin embargo, durante mi experiencia respondiendo consultas y preguntando a participantes en los seminarios y talleres que he dictado, todos concluyen que desean tener un negocio para ser dueños de su propio tiempo. Nos acostumbramos a ver las cosas de una sola manera, sin percatarnos de que hay múltiples caminos por recorrer que podrían guardar la respuesta a muchas preguntas.

ahorro

MARTES 01

MIÉRCOLES 02

JUEVES 03

VIERNES 04

SÁBADO 05

_____
_____
_____
_____
_____
_____

DOMINGO 06

_____
_____
_____
_____
_____
_____

LUNES 07

_____
_____
_____
_____
_____

SECRETO 10

EMOCIONES &
MAS EMOCIONES
EN LAS EMPRESAS

Flavios Papasakelleriou

En la empresa familiar, por el simple hecho de ser parientes, se viven día a día un conjunto de emociones que prevalecen sobre lo racional. Aún recuerdo las primeras sensaciones al pedirle la chequera a mi padre para hacer un libro de bancos. En ese momento se negó, alegando que era el dueño y debía cargar la chequera; yo respondí que "ningún presidente de ninguna empresa", la cargaba consigo; la primera emoción que sentí fue frustración.

MARTES 08

MIÉRCOLES 09

JUEVES 10

VIERNES 11

SÁBADO 12

_____

_____

_____

_____

_____

_____

DOMINGO 13

_____

_____

_____

_____

_____

_____

LUNES 14

_____

_____

_____

_____

_____

HORARIOS
& PRIORIDAD
PARA LA FAMILIA "

Flavios Papasakelleriou

Culpamos al tiempo (nuestros horarios) por el aumento en los índices de divorcio. La importancia de compartir en casa, en familia, ¿es algo del pasado?, Con frecuencia, los padres disculpan a los hijos que no participan con la familia porque tienen demasiadas tareas escolares o universitarias para hacer. A estos niños se les está enseñando que el trabajo tiene más importancia que la familia.

MARTES 15

MIÉRCOLES 16

JUEVES 17

VIERNES 18

SÁBADO 19

_____
_____
_____
_____
_____
_____

DOMINGO 20

_____
_____
_____
_____
_____
_____

LUNES 21

_____
_____
_____
_____
_____

EMPEZANDO
DESDE CASA „

Flavios Papasakelleriou

Buscando el equilibrio entre la vida profesional y familiar, y ahora obligados por la situación actual, cada vez más personas eligen trabajar desde casa. Una ventaja que ofrece el trabajo desde casa es poder organizar el propio horario y así dedicar más tiempo a otras actividades como la familia, la salud o los viajes. Pero claro, debes visualizar a dónde quieres llegar en cuanto al tamaño del negocio y tu nivel de ingresos, y planear el día a día con base en las metas establecidas para no perder el rumbo.

MARTES 22

MIÉRCOLES 23

JUEVES 24

VIERNES 25

SÁBADO 26

_____

_____

_____

_____

_____

_____

DOMINGO 27

_____

_____

_____

_____

_____

_____

LUNES 28

_____

_____

_____

_____

_____

EL INICIO DE UN NEGOCIO A DOMICILIO

Flavios Papasakelleriou

Una de las ventajas de esta operación es que no requieres infraestructura fija para atenderlo, como un local comercial, aunque toma en cuenta que, dependiendo de la naturaleza de tu proyecto, podrías necesitar una camioneta para trasladarte junto con tu negocio. Algo que debes tener en cuenta para tener éxito en tu emprendimiento es que necesitas disciplina para llevar tu agenda, trabajo y constancia; además de altas dosis de creatividad y enfocarte en nichos específicos, y dominar las técnicas digitales para hacer uso de las redes sociales para posicionar tu negocio.

MARTES 29

_____

_____

_____

_____

_____

MIÉRCOLES 30

_____

_____

_____

_____

_____

JUEVES 31

_____

_____

_____

_____

_____

2022

ABRIL

FERIADOS

VIERNES 15:
VIERNES SANTO (festivo bancario)
SÁBADO 16:
SÁBADO SANTO (festivo bancario)
DOMINGO 17:
DOMINGO SANTO (festivo bancario)

D	L	M	M	J	V	S
27	28	29	30	31	1	2
3	4	5	6	7	8	9
10	11	12	13	14	15	16
17	18	19	20	21	22	23
24	25	26	27	28	29	30
2	3	4	5	6	7	8

Notas

PLANEADOR SEMANAL

IMPORTANTE

↑ ↑ ↑ ↑ ↑ ↑ ↑

	LUNES	MARTES	MIÉRCOLES	JUEVES	VIERNES	SÁBADO	DOMINGO
07:00AM							
08:00AM							
09:00AM							
10:00AM							
11:00AM							
12:00AM							
01:00PM							
02:00PM							
03:00PM							
04:00PM							
05:00PM							
06:00PM							

VIERNES 01

SÁBADO 02

DOMINGO 03

¿ COMPARARSE CON OTRA EMPRESA ?

Flavios Papasakelleriou

Las compañías no se desarrollan en una isla, completamente incomunicadas. Esto es algo evidente, pero no siempre sabemos cómo sacar provecho de ello. Es importante conocer las tendencias del mercado y asimismo analizar el propio negocio de manera permanente. En ese orden de ideas, estar informado sobre lo que hacen otras compañías, ya sea en tu industria o área de desempeño o fuera de ella, es una manera eficaz de identificar lo que podrías estar haciendo mejor, tus oportunidades, y encontrar formas nuevas y creativas de lograrlo.

LUNES 04

MARTES 05

MIÉRCOLES 06

JUEVES 07

 # VIERNES 08

SÁBADO 09

DOMINGO 10

¿ COMO CONVERTIR UNA EMPRESA FAMILIAR EN FRANQUICIA ?

Flavios Papasakelleriou

La franquicia es una técnica de comercialización mediante la cual se mejora y expande la distribución de un producto o servicio. El franquiciador suministra el producto o le enseña a prestar el servicio a usted, el franquiciado que, a su vez, lo vende al público. En compensación, usted paga una cuota y una regalía continua, generalmente basada en el volumen de transacciones hechas.

LUNES 11

MARTES 12

MIÉRCOLES 13

JUEVES 14

VIERNES 15

_____
_____
_____
_____
_____

SÁBADO 16

_____
_____
_____
_____
_____
_____

DOMINGO 17

_____
_____
_____
_____
_____
_____

MUJERES,
LA TRASCENDENCIA
DEL LIDERAZGO

Flavios Papasakelleriou

Es cierto que las mujeres están cada vez más inmersas en el mundo laboral, tienen más oportunidades y buscan tener mejores puestos; las mujeres emprendedoras se enfocan en los sectores de servicios, comercial o profesional; pocas emprenden en negocios de base tecnológica o de alto impacto

Debemos tener en cuenta que gran parte de estas mujeres decide iniciar un negocio y enfrentarse a muchas dificultades no por el mero hecho de ganar dinero, sino por obtener un equilibrio entre lo personal y lo profesional.

LUNES 18

MARTES 19

MIERCOLES 20

JUEVES 21

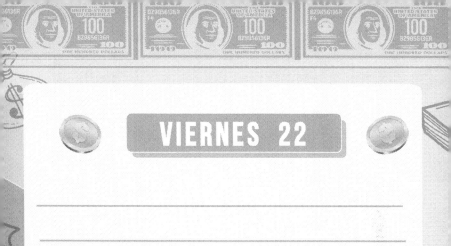

VIERNES 22

_____
_____
_____
_____

SÁBADO 23

_____
_____
_____
_____
_____
_____

DOMINGO 24

_____
_____
_____
_____
_____
_____

"¿SABES MANEJAR TUS EMOCIONES O ELLAS TE CONTROLAN? "

Flavios Papasakelleriou

Controla tu carácter, y controlarás al mundo. Para hacerte dueño del mundo, debes conocerte primero. Todos somos muy diferentes en nuestra percepción de los sucesos que desencadenan el enojo y en nuestra respuesta a estos.

Cuando no eres capaz de manejar las emociones que generan estos sucesos, pueden llevarte al fracaso en los negocios. Es hora de tomar el control sobre ellas y no permitir que te controlen

LUNES 25

MARTES 26

MIÉRCOLES 27

JUEVES 28

VIERNES 29

SÁBADO 30

NOTAS

2022

MAYO

FERIADOS
DOMINGO 01:
DÍA DEL TRABAJO

D	L	M	M	J	V	S
24	25	26	27	28	29	30
1	2	3	4	5	6	7
8	9	10	11	12	13	14
15	16	17	18	19	20	21
22	23	24	25	26	27	28
29	30	31	1	2	3	4

Notas

PLANEADOR SEMANAL

IMPORTANTE

↑ ↑ ↑ ↑ ↑ ↑ ↑

	LUNES	MARTES	MIÉRCOLES	JUEVES	VIERNES	SÁBADO	DOMINGO
07:00AM							
08:00AM							
09:00AM							
10:00AM							
11:00AM							
12:00AM							
01:00PM							
02:00PM							
03:00PM							
04:00PM							
05:00PM							
06:00PM							

"LA MENTIRA, ¿CÓMO AFECTA LOS NEGOCIOS?"

Flavios Papasakelleriou

La honradez es lo recomendable, pero el engaño y la deshonestidad, lamentablemente, son parte también del ser humano; es como una bola de nieve, cuanto más tiempo se hace rodar, más grande se vuelve. Mentir no es solamente el acto de decir algo que es falso, también al ocultar la verdad o cierta información, se está mintiendo; se puede mentir incluso sin utilizar palabras (sonrisas falsas, maquillajes que ocultan o disfrazan parte de nuestro cuerpo).

DOMINGO 01

LUNES 02

MARTES 03

MIÉRCOLES 04

JUEVES 05

_____

_____

_____

_____

_____

VIERNES 06

_____

_____

_____

_____

SÁBADO 07

_____

_____

_____

_____

_____

IDENTIFIQUEMOS
QUE NEGOCIO ELEGIR,
LUEGO DE LA
CUARENTENA

Flavios Papasakelleriou

¿Quieres iniciar un negocio en tu tiempo libre, en los fines de semana, en vacaciones, sin descuidar tu vida familiar, tu empleo o tus estudios, pero te hacen falta ideas?. El 95% de todos los corporativos nació como emprendimiento pequeño (Walmart, Mc Donald's, Ford, Panasonic, Samsung, Toyota, etc.).

DOMINGO 08

LUNES 09

MARTES 10

MIÉRCOLES 11

JUEVES 12

VIERNES 13

SÁBADO 14

AL INICIAR TU EMPRESA

¿QUÉ SITUACIONES DEBES EVITAR?

Flavios Papasakelleriou

Independientemente de a quiénes elijas para comenzar tu empresa podrías estar comenzando solo, la base sobre la cual la construyas va a tener un impacto definitivo en su desarrollo. En el camino incorporarás a la familia y en ese momento será conveniente revisar esos fundamentos y entregar el conocimiento a los nuevos miembros del negocio.

DOMINGO 15

LUNES 16

MARTES 17

MIÉRCOLES 18

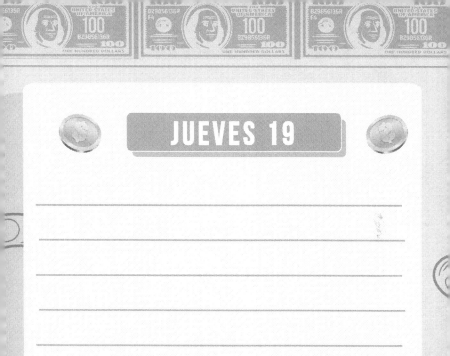

JUEVES 19

VIERNES 20

SÁBADO 21

LA EMPRESA FAMILIAR, ¿UN NEGOCIO DE POR VIDA?

Flavios Papasakelleriou

La empresa familiar se caracteriza porque sus miembros trabajan en equipo y tienen lazos fuertes. Este tipo de negocios suele endeudarse menos que los que no son familiares. Es menos burocrática a la hora de tomar decisiones, sus miembros suelen resolver sus problemas internamente y solo en contadas ocasiones recurren a la asesoría externa formal. Si la empresa familiar cuenta con tantos atributos positivos, ¿por qué pocas logran pasar con éxito a la siguiente generación?

DOMINGO 22

LUNES 23

MARTES 24

MIÉRCOLES 25

JUEVES 26

VIERNES 27

SÁBADO 28

¿SOMOS SOCIOS?

ESPOSAS Y ESPOSOS,
CUÑADOS, SOBRINOS

Flavios Papasakellericu

Uno de los primeros pasos que deben darse para lograr la trascendencia de una empresa familiar es crear jerarquías; establecer un organigrama a través de la identificación de los familiares que sí quieran adquirir el compromiso de trabajar en familia, y ubicarlos en el lugar preciso en el que posean la experticia necesaria para desarrollarse. Si nada de eso ocurre, toma el control. Si tuvieras que dejarlo a la vieja guardia, lo mejor sería retirarse, pues no hay nada qué hace

DOMINGO 29

_____

_____

_____

_____

_____

_____

LUNES 30

_____

_____

_____

_____

_____

MARTES 31

_____

_____

_____

_____

_____

2022

JUNIO

FERIADOS

DOMINGO 19:
DÍA DEL PADRE

D	L	M	M	J	V	S
29	30	31	1	2	3	4
5	6	7	8	9	10	11
12	13	14	15	16	17	18
19	20	21	22	23	24	25
26	27	28	29	30	1	2
3	4	5	6	7	8	9

Notas

PLANEADOR SEMANAL

IMPORTANTE

	LUNES	MARTES	MIÉRCOLES	JUEVES	VIERNES	SÁBADO	DOMINGO
07:00AM							
08:00AM							
09:00AM							
10:00AM							
11:00AM							
12:00AM							
01:00PM							
02:00PM							
03:00PM							
04:00PM							
05:00PM							
06:00PM							

MIÉRCOLES 01

JUEVES 02

VIERNES 03

SÁBADO 04

¿POR QUÉ ES IMPORTANTE CONOCER & APRENDER DE LOS FRACASOS? "

Flavios Papasakelleriou

Mi objetivo es ser fuente de inspiración para muchos emprendedores en el mundo: que sepan que sí pueden lograr sus sueños y además, compartirles claves para ser mejores cada día y construir un mundo mejor.

Con esta columna, en medio de la situación que todos estamos viviendo, deseo que los emprendedores aprovechemos las lecciones de quienes están recorriendo el camino del éxito y que, a pesar de los reveses, siguen adelante, y apliquemos sus fórmulas a nuestras vidas, con las adaptaciones propias de cada caso.

DOMINGO 05

LUNES 06

MARTES 07

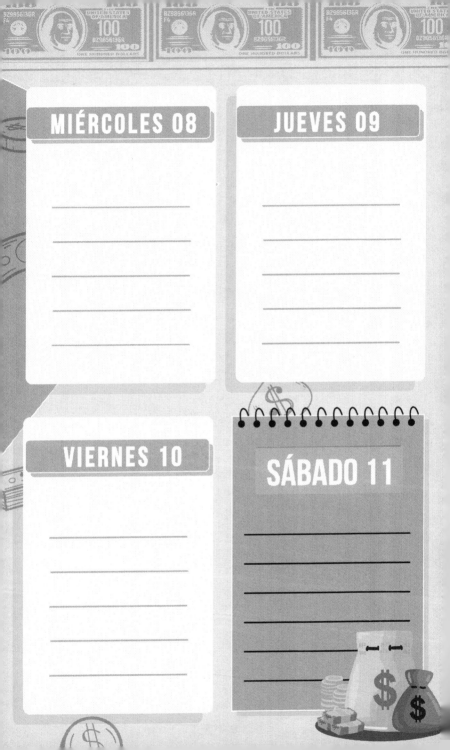

MIÉRCOLES 08

JUEVES 09

VIERNES 10

SÁBADO 11

"¿QUIERES DESCUBRIR TU PASIÓN? JUEGA GOLF"

Flavio Papasakelleriou

El golf es un juego cerebral. Requiere habilidad y técnica, pero también concentración y capacidad de evaluación. Aprender a maniobrar en este deporte es una gran forma de mejorar las habilidades para los negocios. El golf puede ser comparado con la capacidad de negociación, que es un arte en sí mismo. El golf es, en esencia, un juego solitario. El trabajo de un emprendedor, también lo es, La pasión se puede definir como entusiasmo a gran escala. Es algo que nos llena y acompaña a todas partes. La gente con pasión nunca se da por vencida, porque sean cuales sean las circunstancias, no pierde las ganas de trabajar

DOMINGO 12

_____
_____
_____
_____
_____
_____

LUNES 13

_____
_____
_____
_____
_____

MARTES 14

_____
_____
_____
_____
_____

MIÉRCOLES 15

JUEVES 16

VIERNES 17

SÁBADO 18

CONVIERTE EL NEGOCIO FAMILIAR EN FRANQUICIA "

Flavios Papasakelleriou

La importancia que vienen ganando en todo el mundo las marcas más famosas, con su penetración comercial en los distintos países, las ha vuelto un elemento de comercialización de especial significación en el desarrollo del comercio internacional. Se realizan negocios de marca y franquicia en productos de los más variados géneros. Este modelo de negocios hace que merezca la atención y el interés de muchos sectores económicos para visualizarlo como una alternativa de desarrollo comercial.

La franquicia es un sistema de distribución integrado, controlado por el franquiciador (en este caso sería la empresa familiar), pero financiado por los franquiciados (miembros de la familia).

DOMINGO 19

_____

_____

_____

_____

_____

_____

LUNES 20

_____

_____

_____

_____

_____

MARTES 21

_____

_____

_____

_____

_____

MIÉRCOLES 22

_____
_____
_____
_____
_____

JUEVES 23

_____
_____
_____
_____
_____

VIERNES 24

_____
_____
_____
_____
_____

SÁBADO 25

_____
_____
_____
_____
_____
_____

¿CUÁNTO COBRO POR MIS SERVICIOS?

Flavios Papasakellericu

El emprendedor joven se enfrenta a la difícil tarea de cobrar por los servicios que vende; me refiero especialmente a bienes intangibles, como servicios de capacitación, asesoría, diseño, y otros similares. La aparición de un cliente es la oportunidad de oro, ya que representa un ingreso, pero entonces se experimenta la duda, de no conocer el valor de nuestro servicio. Si tu remuneración es poca, pasarás por novato o aprendiz, poco conocedor del medio y estarás regalando tu trabajo. Por el contrario, si la suma es muy alta, podrías perder el trabajo. Muchas veces el cliente tiene un presupuesto o una idea clara de cuánto ha pagado otras veces; habla con él y obra en consecuencia.

DOMINGO 26

_____

_____

_____

_____

_____

_____

LUNES 27

_____

_____

_____

_____

_____

MARTES 28

_____

_____

_____

_____

_____

MIÉRCOLES 29

JUEVES 30

NOTAS

2022 JULIO

FERIADOS

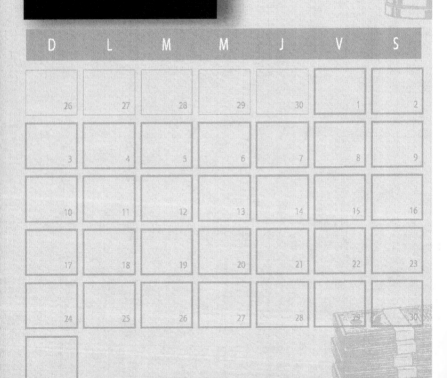

D	L	M	M	J	V	S
26	27	28	29	30	1	2
3	4	5	6	7	8	9
10	11	12	13	14	15	16
17	18	19	20	21	22	23
24	25	26	27	28	29	30
31						

Notas

PLANEADOR SEMANAL

IMPORTANTE

↑ ↑ ↑ ↑ ↑ ↑ ↑

	LUNES	MARTES	MIERCOLES	JUEVES	VIERNES	SÁBADO	DOMINGO
07:00AM							
08:00AM							
09:00AM							
10:00AM							
11:00AM							
12:00AM							
01:00PM							
02:00PM							
03:00PM							
04:00PM							
05:00PM							
06:00PM							

VIERNES 01

SÁBADO 02

DOMINGO 03

LUNES 04

UNA MIRADA
AL ROL DE LAS HIJAS EN LA
EMPRESA FAMILIAR

Flavios Papasakelleriou

Buscando el equilibrio entre la vida profesional y familiar, y ahora obligados por la situación actual, cada vez más personas eligen trabajar desde casa. Una ventaja que ofrece el trabajo desde casa es poder organizar el propio horario y así dedicar más tiempo a otras actividades como la familia, la salud o los viajes. Pero claro, debes visualizar a dónde quieres llegar en cuanto al tamaño del negocio y tu nivel de ingresos, y planear el día a día con base en las metas establecidas para no perder el rumbo.

MARTES 05

MIÉRCOLES 06

JUEVES 07

VIERNES 08

_____

_____

_____

_____

_____

SÁBADO 09

_____

_____

_____

_____

_____

_____

DOMINGO 10

_____

_____

_____

_____

_____

_____

LUNES 11

_____

_____

_____

_____

_____

EMPLEO NO HAY, TRABAJO SÍ & MUCHO "

Flavios Papasakelleriou

Las típicas organizaciones que funcionaban como "la gran familia" para todos sus empleados y el lugar ideal y estable para trabajar toda la vida, lamentablemente se han vuelto obsoletas; los cambios sociales, políticos y económicos ya no permiten operar sobre estos principios. Ante esto, la iniciativa de comenzar un negocio propio es más necesaria que nunca. El atractivo de ser independiente, ser su jefe y poder desarrollar sus propias ideas es muy tentador; sin embargo, requiere contar con aptitudes de emprendimiento, conocimientos, y ganas de hacerlo.

MARTES 12

MIÉRCOLES 13

JUEVES 14

VIERNES 15

_____
_____
_____
_____

SÁBADO 16

_____
_____
_____
_____
_____
_____

DOMINGO 17

_____
_____
_____
_____
_____

LUNES 18

_____
_____
_____
_____
_____

NO TRABAJES EN EMPRESA FAMILIAR "

Flavics Papasakelleriou

La mayoría de las empresas familiares no subsisten más allá de la primera generación por causa de los conflictos internos, la importancia de crear bases sólidas para la transformación de una pequeña y mediana empresa en un próspero negocio que trascienda las generaciones futuras.

MARTES 19

MIÉRCOLES 20

JUEVES 21

VIERNES 22

SÁBADO 23

DOMINGO 24

LUNES 25

ROMPER PARADIGMAS

Flavios Papasakelleriou

Me programaron para convertirme en empleado, pero todo es cuestión de actitud mental. Somos resultado de todo lo que nos rodea: la gente, los valores, las personas que frecuentamos. Todo esto influye en la forma en que pensamos y en el tipo de personas en que nos convertimos. Un rasgo destructivo de la mentalidad de empleado, es el miedo a cometer errores. Desde que estábamos en el kínder comenzaron a decirnos: «¡no te equivoques!, no te salgas de la rayita, no corras, porque te puedes caer".

MARTES 26

MIÉRCOLES 27

JUEVES 28

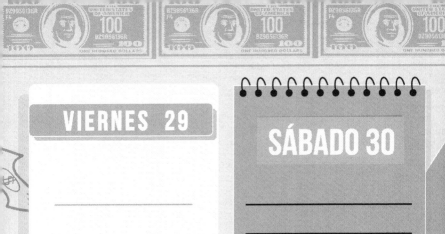

VIERNES 29

_____

_____

_____

_____

_____

SÁBADO 30

_____

_____

_____

_____

_____

_____

DOMINGO 31

_____

_____

_____

_____

_____

_____

2022 AGOSTO

D	L	M	M	J	V	S
31	1	2	3	4	5	6
7	8	9	10	11	12	13
14	15	16	17	18	19	20
21	22	23	24	25	26	27
28	29	30	31	1	2	3
4	5	6	7	8	9	10

Notas

PLANEADOR SEMANAL

	LUNES	MARTES	MIÉRCOLES	JUEVES	VIERNES	SÁBADO	DOMINGO
07:00AM							
08:00AM							
09:00AM							
10:00AM							
11:00AM							
12:00AM							
01:00PM							
02:00PM							
03:00PM							
04:00PM							
05:00PM							
06:00PM							

FLUJO DE EFECTIVO
PERSONAL & PROFESIONAL:
¿POR QUÉ ES IMPORTANTE?

Flavios Papasakelleriou

Tener un trabajo bien pagado, una casa grande, buenos autos y vacaciones costosas no quiere decir que seas rico. De hecho, un estilo de vida lujoso no quiere decir que seas listo o bien educado. Podría revelar justo lo contrario.

El flujo de efectivo es el movimiento de dinero que se presenta en una empresa, es la manera en que el dinero es generado y aprovechado durante la operación de la empresa. Existe un ciclo en el cual sale dinero de la empresa, el cual es el costo de producir bienes y/o servicios que se entregan a los clientes y obtener dinero por parte de ellos para generar más riqueza.

LUNES 01

MARTES 02

MIÉRCOLES 03

JUEVES 04

VIERNES 05

_____
_____
_____
_____
_____

SÁBADO 06

_____
_____
_____
_____
_____
_____

DOMINGO 07

_____
_____
_____
_____
_____
_____

¿CÓMO TRASCENDER EN EL 2022?"

Flavios Papasakelleriou

Warren Buffett dijo que "Es mejor ganar el 1% de 100 negocios, que el 100% de uno solo". Esto es verdad si se considera que la franquicia amplía el negocio en forma exponencial. Las circunstancias que me llevaron a convertir nuestro negocio en franquicia se generaron a raíz de las dinámicas de "poder" dentro de la empresa.

Para entonces habíamos crecido tanto, que llegamos a tener unos 200 colaboradores, y la huelga que siguió al no poder resolver sus peticiones, significó dilapidar muchos esfuerzos y la paralización de la compañía. A raíz de esto surgió el planteamiento de expandirse de otra manera; tomamos la decisión de abrir otro negocio, creando un concepto diferente de empresa.

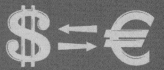

LUNES 08

_____
_____
_____
_____
_____

MARTES 09

_____
_____
_____
_____
_____

MIÉRCOLES 10

_____
_____
_____
_____
_____

JUEVES 11

_____
_____
_____
_____
_____

VIERNES 12

SÁBADO 13

DOMINGO 14

¿APLICAS EL PODER DE DIOS?

Flavios Papasakelleriou

Adquiere el hábito de agradecer a Dios a lo largo del día por cada bendición, grande o pequeña. Comienza un Diario de Bendiciones y anota cada bendición significativa que Dios traiga a tu camino. Cuando te sientas presa del desánimo, repasa el diario y recuerda lo que ÉL ha hecho en tu vida. Trata de pasar al menos los primeros treinta minutos de cada mañana con Dios, leyendo su Palabra, orando, anteponiéndolo a todas tus demás prioridades. Reconoce su presencia a lo largo del día, en actitud de agradecimiento y buscando su dirección y sabiduría.

LUNES 15

MARTES 16

MIÉRCOLES 17

JUEVES 18

VIERNES 19

_____
_____
_____
_____
_____

SÁBADO 20

_____
_____
_____
_____
_____
_____

DOMINGO 21

_____
_____
_____
_____
_____
_____

¡MANOS A LA OBRA!

Flavios Papasakelleriou

Profesional con Experiencia (este era mi caso). Yo trabajaba cuando estaba en la firma "part time" con papá en las noches y sábados, en la empresa familiar. Casi el 90% de los emprendedores se enfoca en giros donde ya han tenido algún tipo de relación laboral. Aquí son importantes los conocimientos que tengas, ya sea por estudios o por experiencia, así que explota al máximo lo que aprendiste, inviértelo en tu proyecto, o invierte en tomar asesorías, capacitación o consultas especializadas.

LUNES 22

MARTES 23

MIÉRCOLES 24

JUEVES 25

VIERNES 26

SÁBADO 27

DOMINGO 28

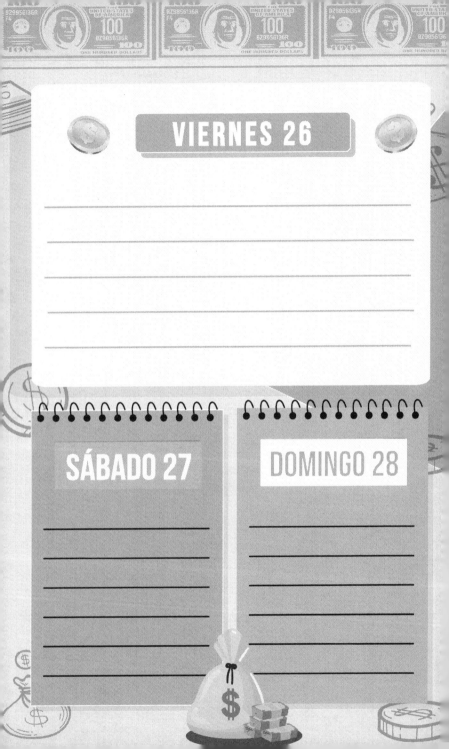

¿SOMOS SOCIOS? ENTONCES FIRMA ACÁ.

Flavios Papasakellericu

Profesional con Experiencia (este era mi caso). Yo trabajaba cuando estaba en la firma "part time" con papá en las noches y sábados, en la empresa familiar. Casi el 90% de los emprendedores se enfoca en giros donde ya han tenido algún tipo de relación laboral. Aquí son importantes los conocimientos que tengas, ya sea por estudios o por experiencia, así que explota al máximo lo que aprendiste, inviértelo en tu proyecto, o invierte en tomar asesorías, capacitación o consultas especializadas.

LUNES 29

MARTES 30

MIÉRCOLES 31

2022

SEPTIEMBRE

FERIADOS

D	L	M	M	J	V	S
28	29	30	31	1	2	3
4	5	6	7	8	9	10
11	12	13	14	15	16	17
18	19	20	21	22	23	24
25	26	27	28	29	30	31
1	2	3	4	5		

Notas

PLANEADOR SEMANAL

IMPORTANTE

	LUNES	MARTES	MIÉRCOLES	JUEVES	VIERNES	SÁBADO	DOMINGO
07:00AM							
08:00AM							
09:00AM							
10:00AM							
11:00AM							
12:00AM							
01:00PM							
02:00PM							
03:00PM							
04:00PM							
05:00PM							
06:00PM							

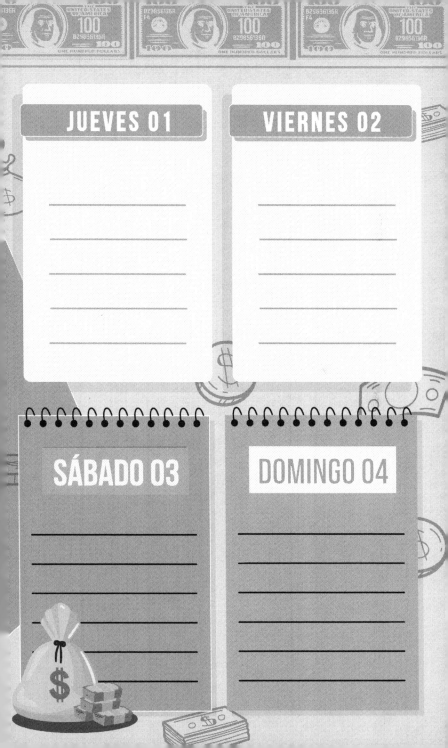

JUEVES 01

_____
_____
_____
_____
_____

VIERNES 02

_____
_____
_____
_____
_____

SÁBADO 03

_____
_____
_____
_____
_____
_____

DOMINGO 04

_____
_____
_____
_____
_____
_____

EDUCA BIEN A TUS HIJOS "

Flavios Papasakelleriou

Cuenta la anécdota de una madre que deja una nota a su hijo adolescente pidiéndole que por favor lave la cafetera antes de que lleguen los trabajadores a la empresa. Al rato, la mamá recibe un mensaje que dice: "Mamá, no puedo lavar la cafetera, ya que está dañada". Es difícil enseñar a los hijos; ellos se quejan, pierdes el control, y luego surgen los conflictos. La autodisciplina es un valor clave a inculcarles. Ésta los ayudará a salir de tu lado y los hará unos seres humanos más felices

LUNES 05

MARTES 06

MIÉRCOLES 07

JUEVES 08

VIERNES 09

SÁBADO 10

DOMINGO 11

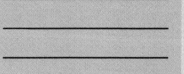

"LAS MADRES EN LA EMPRESA FAMILIAR "

Flavios Papasakelleriou

Una imagen que tengo muy grabada de mi niñez y adolescencia es la de mamá planchando la ropa y corriendo a contestar el teléfono en el garaje que funcionaba como oficina de papá. Ella atendía a los clientes mientras mi padre salía a la calle a visitar a otros y realizar tareas que se requerían para la marcha del negocio. Estoy convencido de que sin la ayuda y apoyo de ella, papá no habría logrado todo lo que hizo. Las madres son las heroínas poco reconocidas en muchas de las historias de Empresas familiares: ayudan a su conformación, y realizan toda clase de tareas dentro de ellas sin ser remuneradas, al tiempo que fungen como amas de casa y madres ininterrumpidamente.

LUNES 12

_____
_____
_____
_____
_____

MARTES 13

_____
_____
_____
_____
_____

MIÉRCOLES 14

_____
_____
_____
_____
_____

JUEVES 15

_____
_____
_____
_____
_____

VIERNES 16

_____
_____
_____
_____
_____

SÁBADO 17

_____
_____
_____
_____
_____
_____

DOMINGO 18

_____
_____
_____
_____
_____
_____

SECRETO 38

&SALARIOS FINANZAS

EN LA EMPRESA FAMILIAR.

Flavios Papasakellericu

Lo que no se mide no se puede controlar, y lo que no se puede controlar, no se puede mejorar. El tema del salario es muy importante ya que hablamos de las finanzas, y es un causante primordial en los conflictos en la Empresa familiar. Cada miembro tiene una opinión sobre lo que debería ganar él mismo y los otros. Desde luego, la asignación de salarios no debe hacerse bajo la influencia de consideraciones emocionales, ni puede ser autoimpuesta. Para evitar este conflicto o bien, sanear las finanzas si ya lo tienes, recomiendo profesionalizar el sistema de salarios.

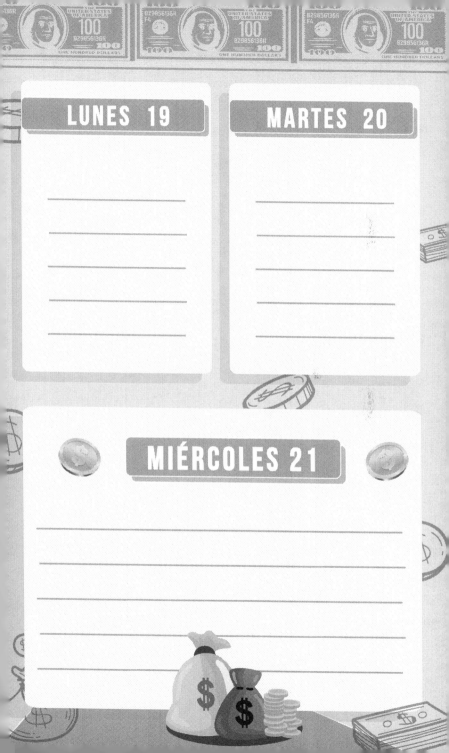

LUNES 19

MARTES 20

MIÉRCOLES 21

JUEVES 22

_____
_____
_____
_____
_____

VIERNES 23

_____
_____
_____
_____
_____

SÁBADO 24

_____
_____
_____
_____
_____
_____

DOMINGO 25

_____
_____
_____
_____
_____
_____

ARRANCANDO SOLO... NEGOCIOS A DOMICILIO

Flavios Papasakelleriou

Una opción que te permitirá aprovechar al máximo tu tiempo y recursos es llevar el negocio hasta tu cliente, ya sea a su domicilio o al lugar donde necesite que se venda o se ofrezca el servicio. Una de las ventajas de esta operación es que no requieres infraestructura fija para atenderlo, como un local comercial, aunque toma en cuenta que, dependiendo de la naturaleza de tu proyecto, podrías necesitar una camioneta para trasladarte junto con tu negocio. Lo bueno es que podrías absorber los gastos operativos del negocio con tus gastos regulares, optimizando el uso de tu casa, adaptando una habitación como oficinas centrales.

LUNES 26

MARTES 27

MIÉRCOLES 28

JUEVES 29

_____

_____

_____

_____

_____

VIERNES 30

_____

_____

_____

_____

_____

NOTAS

_____

_____

_____

_____

_____

2022

OCTUBRE

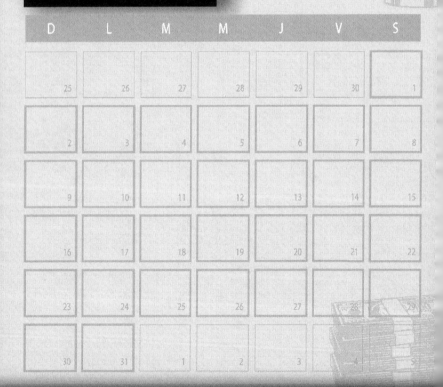

D	L	M	M	J	V	S
25	26	27	28	29	30	1
2	3	4	5	6	7	8
9	10	11	12	13	14	15
16	17	18	19	20	21	22
23	24	25	26	27	28	29
30	31	1	2	3	4	5

Notas

PLANEADOR SEMANAL

IMPORTANTE

	LUNES	MARTES	MIÉRCOLES	JUEVES	VIERNES	SÁBADO	DOMINGO
07:00AM							
08:00AM							
09:00AM							
10:00AM							
11:00AM							
12:00AM							
01:00PM							
02:00PM							
03:00PM							
04:00PM							
05:00PM							
06:00PM							

IDENTIFIQUEMOS QUÉ NEGOCIO ELEGIR "

Flavios Papasakelleriou

¿Quieres iniciar un negocio en tu tiempo libre, en los fines de semana, en vacaciones, sin descuidar tu vida familiar, tu empleo o tus estudios, pero te hacen falta ideas? he aquí algunas que te revelo luego de mis experiencias de viajes, ferias de franquicias. Muchas ideas, para unirte a una marca, para aprovechar tu experiencia, conceptos para importar y para operar desde casa. A continuación algunas ideas que te permitirán emprender sin descuidar tu empleo actual, tu vida familiar o tus estudios.

Negocio Independiente - Red de mercadeo - Franquicia - Distribución - Ventas por catálogo - Máquinas - Representación

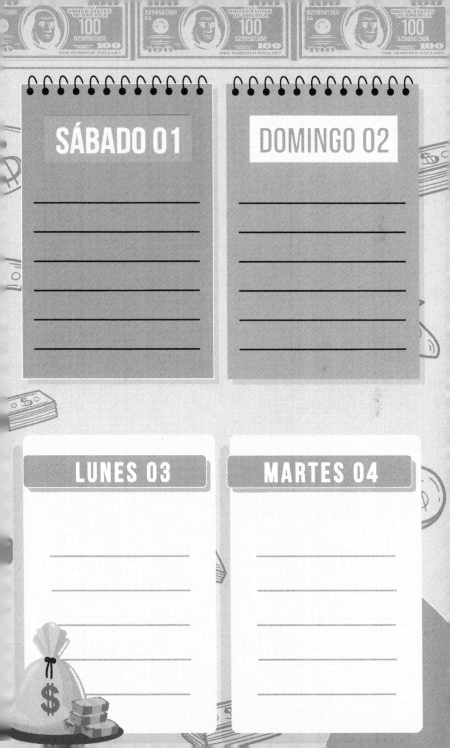

SÁBADO 01

_____
_____
_____
_____
_____
_____

DOMINGO 02

_____
_____
_____
_____
_____
_____

LUNES 03

_____
_____
_____
_____

MARTES 04

_____
_____
_____
_____

MIERCOLES 05

JUEVES 06

VIERNES 07

VENTAJAS
DE LAS EMPRESAS
FAMILIARES "

Flavios Papasakelleriou

A pesar de estas desventajas y al margen de la forma y motivos por las que surgen, existen buenas razones por las que el 80% de las empresas del mundo tienen su origen en una familia. El impulso familiar puede llegar lejos. Según Ernest & Young, el 25% de las empresas europeas más importantes son de propiedad familiar, y en lo que se refiere a las economías emergentes, el 60% de las empresas con un valor de más de un billón de dólares funcionan bajo el control de grupos familiares. Son un modelo probado de negocio que si se lleva adecuadamente logra ser completamente exitoso.

SÁBADO 08

_____
_____
_____
_____
_____
_____

DOMINGO 09

_____
_____
_____
_____
_____
_____

LUNES 10

_____
_____
_____
_____
_____

MARTES 11

_____
_____
_____
_____
_____

MIÉRCOLES 12

_____

_____

_____

_____

_____

JUEVES 13

_____

_____

_____

_____

_____

VIERNES 14

_____

_____

_____

_____

_____

¿EMPRESAS FAMILIARES O FAMILIAS EMPRESARIAS?

Flavios Papasakelleriou

A pesar de estas desventajas y al margen de la forma y motivos por las que surgen, existen buenas razones por las que el 80% de las empresas del mundo tienen su origen en una familia. El impulso familiar puede llegar lejos. Según Ernest & Young, el 25% de las empresas europeas más importantes son de propiedad familiar, y en lo que se refiere a las economías emergentes, el 60% de las empresas con un valor de más de un billón de dólares funcionan bajo el control de grupos familiares. Son un modelo probado de negocio que si se lleva adecuadamente logra ser completamente exitoso.

SÁBADO 15

_____
_____
_____
_____
_____
_____

DOMINGO 16

_____
_____
_____
_____
_____
_____

LUNES 17

_____
_____
_____
_____

MARTES 18

_____
_____
_____
_____

MIÉRCOLES 19

_____

_____

_____

_____

_____

JUEVES 20

_____

_____

_____

_____

_____

VIERNES 21

_____

_____

_____

_____

_____

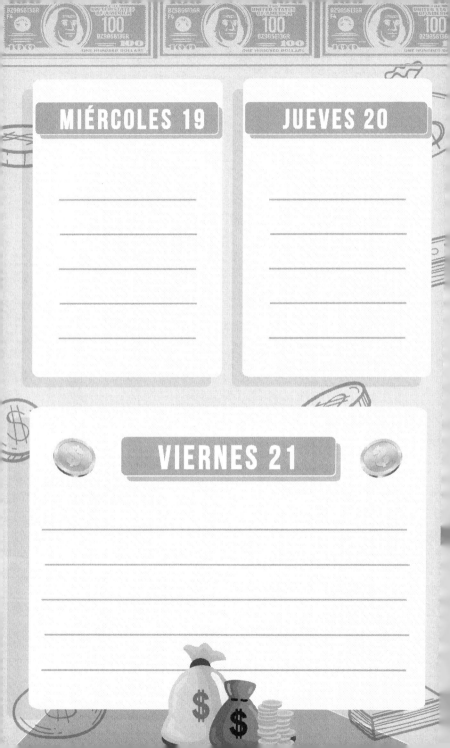

¿EMPRESAS FAMILIARES CÓMO TRASCENDER, DEJAR LO QUE SOMOS. "

Flavios Papasakelleriou

Las estadísticas muestran la posibilidad real de lograr el éxito y la permanencia de las empresas, en particular cuando han logrado organizarse y establecer la importancia de sus recursos. Esto se logra a través de la planificación y un proceso constante de análisis y reconocimiento de todos los factores internos y externos a la compañía. Los empresarios que han logrado éxito en sus compañías y desean mantener la propiedad y/o gestión en poder de la siguiente generación, deberían participar en el proceso de cambio a Familia empresaria; es una oportunidad que debe ser aprovechada, de lo contrario, podría tornarse en una debilidad o amenaza para su supervivencia.

SÁBADO 22

_____
_____
_____
_____
_____
_____

DOMINGO 23

_____
_____
_____
_____
_____
_____

LUNES 24

_____
_____
_____
_____
_____

MARTES 25

_____
_____
_____
_____
_____

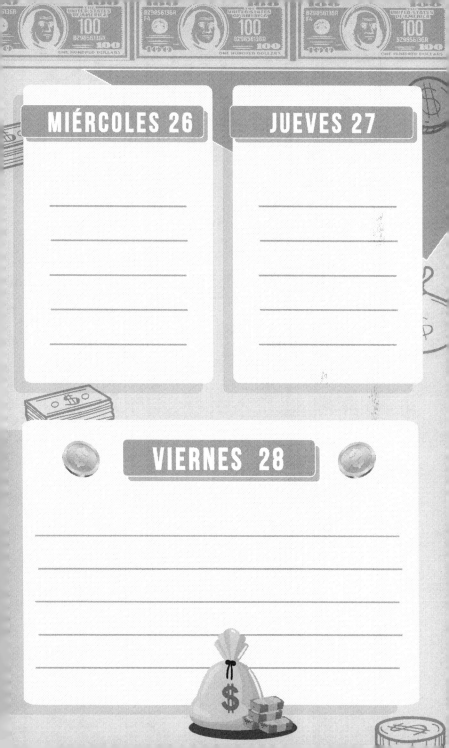

MIÉRCOLES 26

JUEVES 27

VIERNES 28

SÁBADO 29

_____
_____
_____
_____
_____
_____

DOMINGO 30

_____
_____
_____
_____
_____
_____

LUNES 31

_____
_____
_____
_____
_____

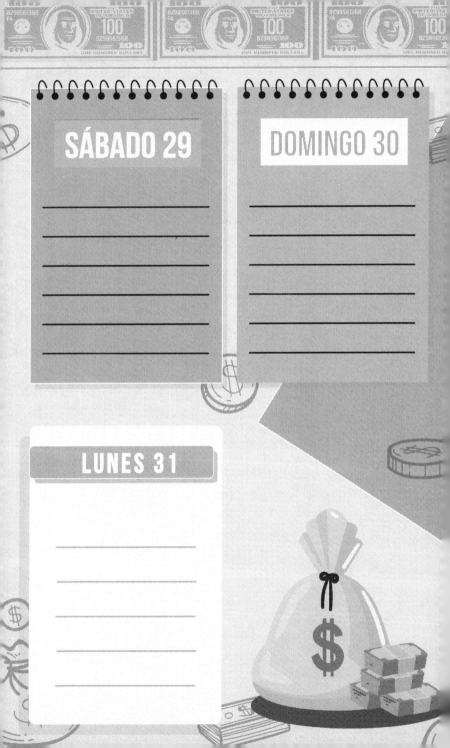

2022 NOVIEMBRE

D	L	M	M	J	V	S
30	31	1	2	3	4	5
6	7	8	9	10	11	12
13	14	15	16	17	18	19
20	21	22	23	24	25	26
27	28	29	30	2	3	
	6	7	8	9		

Notas

PLANEADOR SEMANAL

IMPORTANTE

	LUNES	MARTES	MIÉRCOLES	JUEVES	VIERNES	SÁBADO	DOMINGO
07:00AM							
08:00AM							
09:00AM							
10:00AM							
11:00AM							
12:00AM							
01:00PM							
02:00PM							
03:00PM							
04:00PM							
05:00PM							
06:00PM							

EVITA
SABER MUY POCO "

Flavios Papasakelleriou

Gestionar tu propio negocio exige una equilibrada varie-
dad de habilidades y conocimientos: tendrás que participar en la formación de tus empleados, saber negociar con
el banco un crédito, diseñar una estrategia de marketing,
buscar proveedores para ese nuevo producto que estás
planificando lanzar, todo ello durante el transcurso de una
sola mañana y al finalizar la tarde podrías estar entregando
un pedido urgente a un cliente clave para finalizar en la
noche redactando un anuncio de empleo, dejando el fin
de semana para poner todo al día.

MARTES 01

MIÉRCOLES 02

JUEVES 03

VIERNES 04

SÁBADO 05

_____

_____

_____

_____

_____

_____

DOMINGO 06

_____

_____

_____

_____

_____

_____

LUNES 07

....

....

....

....

....

MARTES 08

MIÉRCOLES 09

JUEVES 10

VIERNES 11

SÁBADO 12

_____

_____

_____

_____

_____

_____

DOMINGO 13

_____

_____

_____

_____

_____

_____

LUNES 14

....

....

_____

_____

_____

¿APRENDER AUTODISCIPLINA AL TRABAJAR MÁS?

PARA ALGUIEN

Flavios Papasakellericou

Trabajar para un tercero genera autodisciplina. Se aprende puntualidad, cómo hacer las cosas y a hacerlas de una manera diferente a como se acostumbra en tu Empresa familiar. Es una experiencia que te profesionaliza y llevarla a cabo previo a entrar al negocio de tu familia, resultará de gran beneficio. En última instancia, el hecho de ser capaz de trabajar exitosamente fuera de tu ámbito, valida si puedes hacerlo en tu propia empresa. También agrega valor a la compañía.

MARTES 15

MIÉRCOLES 16

JUEVES 17

VIERNES 18

SÁBADO 19

DOMINGO 20

LUNES 21

"¿RENUNCIAR A LO BUENO, PARA RECIBIR LO GRANDIOSO?"

Flavios Papasakelleriou

La decisión de asociarse es un paradigma: ¿harás desaparecer tu empresa? ¿quedará en manos de personas ajenas a tu familia? Es difícil pensar en invitar a personas ajenas a tu compañía y con seguridad tendrán que darse cambios. Sin embargo, hay una gran ganancia. No es solo el capital, sino las ideas y las formas distintas de hacer negocios lo que puede beneficiarte.Una excelente manera de expandir los negocios es buscando capital, alianzas, tanto en el país de origen como en el extranjero.

MARTES 22

MIÉRCOLES 23

JUEVES 24

VIERNES 25

SÁBADO 26

_____
_____
_____
_____
_____
_____

DOMINGO 27

_____
_____
_____
_____
_____
_____

LUNES 28

_____
_____
_____
_____
_____

USA TU RED
DE CONTACTOS
PROFESIONALES "

Flavios Papasakelleriou

Una red se puede usar prácticamente para todo, desde encontrar un nuevo proveedor hasta conseguir contactos con agentes de ventas en el extranjero. Puedes encontrar un gerente de banco en quien confiar, o un abogado, entre muchos otros. En el mundo de los negocios, tu red de contactos te ayudará en la toma de decisiones, efectuar negocios oportunos y resolver todo tipo de contratiempos.

MARTES 29

MIÉRCOLES 30

NOTAS

2022 DICIEMBRE

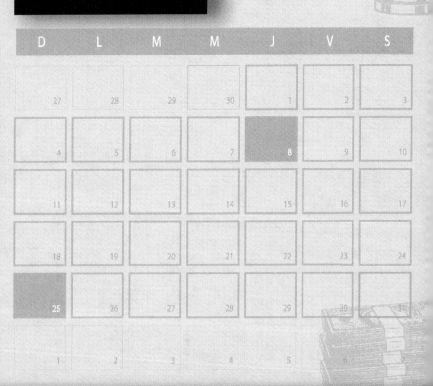

D	L	M	M	J	V	S
27	28	29	30	1	2	3
4	5	6	7	8	9	10
11	12	13	14	15	16	17
18	19	20	21	22	23	24
25	26	27	28	29	30	31
1	2	3	4	5	6	

Notas

PLANEADOR SEMANAL

IMPORTANTE

↑ ↑ ↑ ↑ ↑ ↑ ↑

	LUNES	MARTES	MIÉRCOLES	JUEVES	VIERNES	SÁBADO	DOMINGO
07:00AM							
08:00AM							
09:00AM							
10:00AM							
11:00AM							
12:00AM							
01:00PM							
02:00PM							
03:00PM							
04:00PM							
05:00PM							
06:00PM							

JUEVES 01

VIERNES 02

SÁBADO 03

ÚNETE A UN GREMIO "

Flavios Papasakellериou

Cuando me incorporé al negocio con mi padre, decidí asociarme a CAPEMIAC (Cámara de pequeños y medianos industraiales de Carabobo). Dentro de este gremio consta-té que al compartir tus problemas recibes la experiencia soluciones de quienes ya lo han superado, te mantiene al tanto de las novedades en la industria, te ofrece capacita-ción, y finalmente, de enfrentar las amenazas macroeconó-micas apoyado por un gremio.

DOMINGO 04

_____

_____

_____

_____

_____

_____

LUNES 05

_____

_____

_____

_____

_____

MARTES 06

_____

_____

_____

_____

MIÉRCOLES 07

_____

_____

_____

_____

JUEVES 08

VIERNES 09

SÁBADO 10

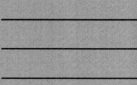

— SECRETO 49 —

LIDERAZGO...
¿SER UN JEFE O UN LÍDER?

Flavios Papasakelleriou

Como líderes y empresarios, ante las personas debemos parecernos más a los termostatos que a los termómetros. Ambos instrumentos pueden parecerse, pero son muy distintos. Los dos sirven para medir el calor. Sin embargo, el termómetro es pasivo: registra la temperatura de su medio, pero no puede hacer nada para cambiarlo; en cambio, el termostato es un instrumento activo, determina lo que será el ambiente. Efectúa cambios a fin de ajustar el clima. En mi empresa familiar, tenía que hacer de todo, y además tenía que quedar perfecto. Aprendí que algunas empresas familiares no prosperan debido a eso (aunque hay otras que sí lo hacen).

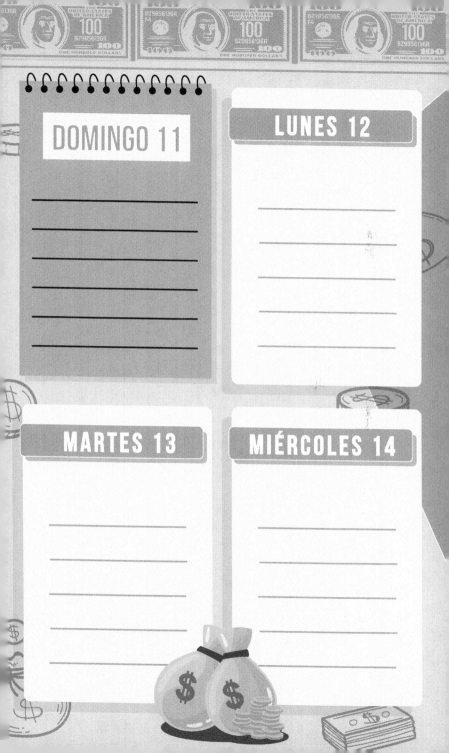

DOMINGO 11

LUNES 12

MARTES 13

MIÉRCOLES 14

JUEVES 15

VIERNES 16

SÁBADO 17

SECRETO 50

¿CÓMO VENCER EL FAMOSO AUTOSABOTAJE?

Flavios Papasakelleriou

El manejo de esa vocecita empieza en el instante en que salimos de nosotros mismos y nos observamos de manera objetiva. Todos somos talentosos, pero tenemos una manera distinta de alcanzar el éxito. Un ejemplo para comenzar: te preguntas "¿por qué no abro mi propio negocio?" Siempre quisiste hacerlo... entonces aparece la resistencia, ese parloteo continuo que te dice cosas como: "no tengo conocimientos suficientes, no sé cómo se monta un negocio, hay muchos riesgos... Entonces, allí surgen situaciones para dilatar. Ordenar tu cuarto u oficina se vuelve más importante. Con esta lección, mi objetivo es que aprendas a vencer la vocecita que te dice que no eres capaz. Quiero que aprendas a reactivarte y a determinar objetivamente tu valor

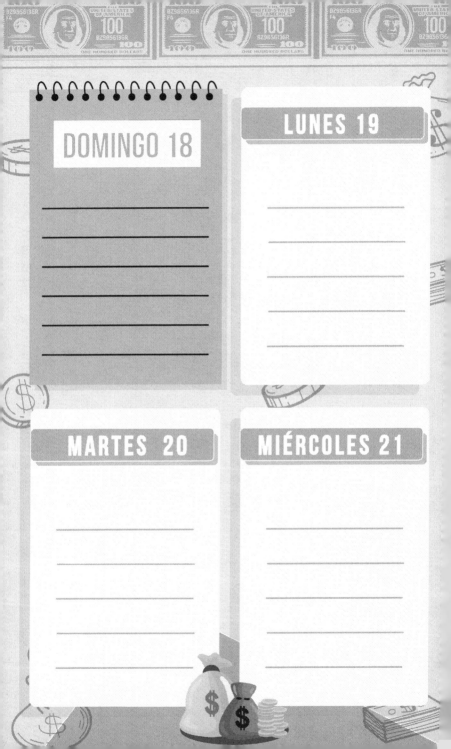

DOMINGO 18

_____
_____
_____
_____
_____
_____

LUNES 19

_____
_____
_____
_____
_____

MARTES 20

_____
_____
_____
_____
_____

MIÉRCOLES 21

_____
_____
_____
_____
_____

JUEVES 22

VIERNES 23

SÁBADO 24

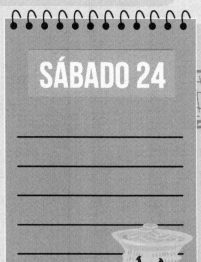

EL EGO
¿TU AMIGO O ENEMIGO? "

Flavios Papasakelleriou

El ego nos ayuda a mantener el equilibrio sobre ciertos aspectos conscientes e inconscientes de nuestra vida. Tener demasiado o demasiado poco es desequilibrante. No tener ego es equivalente a no tener fuerza vital y poseer demasiado significa tener una personalidad dicta-torial. Por lo tanto, debes mantener tu ego en un sano equilibrio y te encontrarás mucho mejor contigo mismo y con los que te rodean. En una discusión, puedes controlar a tu oponente diciéndole simplemente: "sí, lo que tú quie-ras". Haciendo esto, se asume una posición libre de ego, lo cual desmorona a la otra persona. Es como quitarle el viento que empuja las velas. Proporciona la paz mental.

DOMINGO 25

LUNES 26

MARTES 27

MIÉRCOLES 28

JUEVES 29

VIERNES 30

SÁBADO 31

EL NETWORKING
¿TRABAJAR EN SOLITARIO O EN REDES?

Flavios Papasakelleriou

El iniciar una empresa puede ser una aventura en solitario, pero no tienes que hacerlo todo tú solo. Hay cientos de personas, algunas a pocos metros de distancia, que pueden aportarte consejos útiles de sus habilidades y atributos, e incluso tener una mejor perspectiva que la tuya.

Habla con tu pareja. - Usa tu red de contactos profesionales. - Habla con tu jefe actual - Llama a tus colegas - Charla con tu mejor amigo.

Made in the USA
Columbia, SC
12 July 2022

63288867R00102